BEI GRIN MACHT SICH IHR
WISSEN BEZAHLT

Bibliografische Information der Deutschen Nationalbibliothek:

Die Deutsche Bibliothek verzeichnet diese Publikation in der Deutschen National-
bibliografie; detaillierte bibliografische Daten sind im Internet über http://dnb.d-
nb.de/ abrufbar.

Dieses Werk sowie alle darin enthaltenen einzelnen Beiträge und Abbildungen
sind urheberrechtlich geschützt. Jede Verwertung, die nicht ausdrücklich vom
Urheberrechtsschutz zugelassen ist, bedarf der vorherigen Zustimmung des Verla-
ges. Das gilt insbesondere für Vervielfältigungen, Bearbeitungen, Übersetzungen,
Mikroverfilmungen, Auswertungen durch Datenbanken und für die Einspeicherung
und Verarbeitung in elektronische Systeme. Alle Rechte, auch die des auszugsweisen
Nachdrucks, der fotomechanischen Wiedergabe (einschließlich Mikrokopie) sowie
der Auswertung durch Datenbanken oder ähnliche Einrichtungen, vorbehalten.

Impressum:

Copyright © 2015 GRIN Verlag, Open Publishing GmbH
Druck und Bindung: Books on Demand GmbH, Norderstedt Germany
ISBN: 9783668546950

Dieses Buch bei GRIN:

http://www.grin.com/de/e-book/377400/analyse-der-positionsspezifischen-spieler-
intelligenz-im-volleyball-eine

Stefan Drews

Analyse der positionsspezifischen Spielerintelligenz im Volleyball. Eine Gegenüberstellung von Theorie und Realität

GRIN Verlag

GRIN - Your knowledge has value

Der GRIN Verlag publiziert seit 1998 wissenschaftliche Arbeiten von Studenten, Hochschullehrern und anderen Akademikern als eBook und gedrucktes Buch. Die Verlagswebsite www.grin.com ist die ideale Plattform zur Veröffentlichung von Hausarbeiten, Abschlussarbeiten, wissenschaftlichen Aufsätzen, Dissertationen und Fachbüchern.

Besuchen Sie uns im Internet:

http://www.grin.com/

http://www.facebook.com/grincom

http://www.twitter.com/grin_com

Hausarbeit zum Thema:

Analyse der positionsspezifischen

Spielerintelligenz im Volleyball

- Gegenüberstellung von Theorie und Realität -

Verfasser:

Stefan Drews

Ilsede

Abgabe:

31.01.2015

Inhaltsverzeichnis

Abbildungsverzeichnis

Tabellenverzeichnis

1 Einleitung

„Intelligenz lässt sich nicht am Weg, sondern nur am Ergebnis feststellen"
(Garri Kimowitsch Kasparow, Schachweltmeister 1985-2000)

Mit diesem Zitat schafft es Garri Kasparow, in einer sich immer weiter vervielfältigenden Informationsgesellschaft das Thema Intelligenz transparent zu machen, Fragen zu hinterlassen und zugleich für Meinungsaustausch zu sorgen. Auch im Sport spielt die Intelligenz eine immer größere Rolle. Athleten kommen an Ihre physischen Grenzen und die Gegneranalysen erreichen ein Niveau, welches kaum noch Lücken lässt. Gerade im technisch anspruchsvollen Ballsport Volleyball ist es daher wichtig, auf den Gegner vorbereitet zu sein, seine Schwächen aufzudecken, die eigenen Stärken herauszustellen und auf den Gegner vorbereitet zu sein. Im Gegensatz zu anderen Sportarten werden im Volleyball mehrere Entscheidungen in Sekundenbruchteilen gefällt. Dutzende in der Minute, Hunderte in einem Satz. Doch sind diese Entscheidungen immer richtig? Hat der Athlet die entscheidenden Parameter wahrgenommen, alles Unwichtige ausgeblendet, um Platz zu machen für das Wesentliche? Sind alle Vorgaben der Trainer bei der Entscheidung berücksichtigt worden? Wie agiert der Gegner, was wird er im nächsten Moment tun? In welchem Zusammenhang standen seine Punkterfolge oder die der Teamkollegen?

Zu jeder Zeit die richtige Entscheidung treffen. Dies wünschen sich Trainer und Spieler und beziehen sich zu einem großen Teil auf die Spielerintelligenz. Doch inwieweit sind die Spieler auf Ihren Positionen kognitiv gefordert? Sind in der Realität alle Positionen kognitiv optimal besetzt? Dies sind Fragen, die ein Spektrum abstecken, welches in der vorliegenden Hausarbeit beantwortet wird.

1.1 Untersuchungsgegenstand

Die vorliegende Hausarbeit beschäftigt sich mit dem Thema der positionsbezogenen Spielerintelligenz in Bezug auf die Spielklasse. Die Analyse der Ergebnisse soll Anreize für Trainer schaffen, die kognitive Leistungsfähigkeit der Spieler zur Schulung vakanter Positionen zu berücksichtigen und bestenfalls bei Kadersichtungen ein weiteres Entscheidungskriterium für die Auswahl zu schaffen.

Die Ergebnisse der Datenerhebung stellen die Realität dar und geben wieder, wie hoch die Leistungsfähigkeit pro Position und Leistungsklasse ist. Die Gegenüberstellungen von Anforderungsprofil und Theorie bezüglich Realität finden in den jeweiligen Auswertungen der Analysen statt.

1.2 Methodik

In der Wissenschaft hat sich die Kognition als ein Bestandteil der Intelligenz herausgestellt und bildet mittels Wahrnehmungs-, Entscheidungs-, Gedächtnis- und Sprachvorgängen einen Teil der Spielerintelligenz ab.

Um Erkenntnisse über die Intelligenz der Spieler zu erlangen, wurde ein auf 29 Minuten verkürzter schriftlicher IQ-Test[1] mit 6 Kategorien, vorzugsweise mit den Spielern einer gesamten Mannschaft, durchgeführt und manuell ausgewertet. Um die psychische Belastung im Spiel anteilig abzubilden, wurde der größte Teil der Probanden (92%) bei einem Vorbereitungsturnier direkt nach einem Spiel befragt. Alle Spieler führten den gleichen Test unter gleichen Bedingungen aus und standen durch testübliche Zeitvorgaben unter Stress. Insgesamt wurden 264 Spieler/innen aus 32 Vereinen im aktiven Spielbetrieb zwischen Bezirksklasse und 1.Bundesliga befragt. Im weiteren Verlauf dieser Hausarbeit wird der Einfachheit halber auf den Zusatz „/innen" verzichtet und sowohl männliche als auch weibliche Probanden als „Spieler" bezeichnet, es sei denn, der Test bezieht sich ausschließlich auf eine weibliche Gruppe.

---

[1] Vgl. Süddeutsche Zeitung

Aus Gründen der Übersichtlichkeit findet die Analyse und Auswertung der Daten innerhalb einer statistischen Darstellung statt.

Während der Befragung stellten sich Vor- und Nachteile heraus, die in einer Fehlerbetrachtung behandelt werden. Die Testkategorien werden in Kapitel 4 beschrieben.

2 Intelligenz

Kaum eine vergleichbare Eigenschaft des Menschen wird so empfindlich behandelt wie die Intelligenz. Obwohl derzeit eine wachsende Begeisterung an Quizfragen beobachtet werden kann, wird die eigene Intelligenz eher unterschwellig betrachtet. Dies liegt zum einen daran, dass die Beantwortung von Quizfragen nur wenig mit Intelligenz, sondern viel mehr mit Allgemeinwissen zu tun hat und gleichermaßen ein IQ von <100 nicht aussagt, dass ein Mensch „dumm" ist. Zum anderen sind IQ-Tests in Deutschland nicht so etabliert wie beispielsweise in den USA, wo diese zum Standardrepertoire eines jeden Einstellungstests gehören.

2.1 Definition

Wie vielfältig die Definitionen von Intelligenz ausfallen, beweisen zahlreiche Versuche im Rahmen der Intelligenzforschung. In Tabelle 1 sind einige Beispiele aufgeführt, wie Wissenschaftler den Begriff „Intelligenz" beschreiben.

Ein wesentlicher Punkt, der speziell dem Volleyballsport zuzuschreiben ist, ist eine möglichst schnelle Aufarbeitung der erfassten Daten, um eine Lösung zu finden und diese unter Berücksichtigung der technischen Fertigkeiten umzusetzen.

Tabelle 1: Definitionen

Autor	Jahr	Definition
Binet & Simon	1905	...die Art der Bewältigung einer aktuellen Situation, genauer: gut urteilen, gut verstehen und gut denken.[2]
Goldmann Lexikon	1998	Intelligenz ist die komplexe Fähigkeit zu Leistungen, die durch spontanes Erfassen von Zusammenhängen in neuen Situationen erzielt werden.[3]
Kray & Schäfer	2012	Intelligenz ist die Fähigkeit, [...], sich schnell und flexibel an neue Gegebenheiten der Umwelt anzupassen und diese zu verändern sowie Neues zu lernen.[4]
Rost	2013	Intelligenz [...] kennzeichnet, ganz allgemein gesagt, die durch die Faktoren „Anlage" und „Umwelt" sowie durch deren gegenseitige Beeinflussung (Wechselwirkung „Gene x Umwelt") bedingt kognitive Leistungsfähigkeit [...] von Lebewesen.[5]

Quelle: Eigendarstellung

Inwiefern sich die kognitiven Eigenschaften überschneiden, zeigt anschaulich das Berliner Intelligenzstrukturmodell von Adolf Otto Jäger von 1984 (s. Abb. 1). Dieses Modell lässt sich beispielsweise auf die Intelligenzstruktur im Volleyball übertragen, in dem die Verarbeitungskapazität (K) und Bearbeitungs-geschwindigkeit (B) in Verbindung mit figural-bildhaften Leistungen (F) einen hohen Anteil haben. Joy Paul Guilford hingegen war der Meinung, dass sich die Eigenschaften der Intelligenz in einem dreidimensionalen Modell eher darstellen ließen. Dieses Modell stieß jedoch aufgrund der hochgradigen inhaltlichen Enge der Modellfaktoren auf massive Kritik, sodass dieses Modell in der vorliegenden Arbeit an dieser Stelle lediglich erwähnt und wegen der Komplexität des Themas keine weitere Beachtung findet.

---

[2] Vgl. Binet & Simon (1905)
[3] Vgl. Goldmann, Goldmann Lexikon (1998), Band 11, S. 4658
[4] Vgl. Kray & Schäfer, Mittlere und späte Kindheit (2012), S. 221
[5] Vgl. Rost,D., Handbuch Intelligenz (2013), S. 11

Abbildung 1: Berliner Intelligenzstrukturmodell nach Jäger (1984)

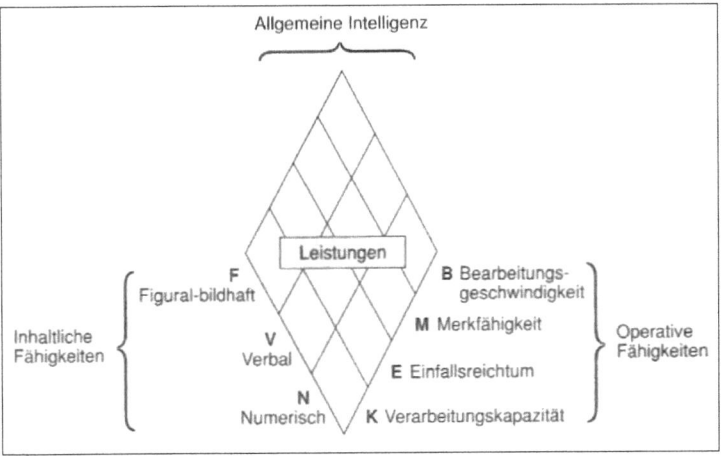

Quelle: Rost, D., Handbuch Intelligenz (2013), S.94

2.2 IQ-Berechnung und -Normierung

Für die Berechnung eines individuellen Intelligenzquotienten sind alle Ergebnisse innerhalb eines Tests und einer Bezugsgruppe maßgeblich. Haben beispielsweise 1000 Probanden den gleichen Test gemacht, wird aus den richtigen Antworten der Mittelwert gebildet und alle Abweichungen nach oben und unten entsprechend mit dem Mittelwert verglichen und abgebildet. Daraus ergibt sich eine IQ-Verteilung innerhalb der getesteten Population, die sich in nahezu allen wissenschaftlichen Tests als ähnlich herausstellt. (s. Abb.2).

Zudem wird je nach Alter des Probanden ein Bonus hinzugerechnet, der auf wissenschaftlichen Erkenntnissen beruht und in der hier vorgestellten Arbeit berücksichtigt wurde.

Abbildung 2: Normalverteilung der Intelligenz (IQ-Werte + Prozentrang (PR)) Gauß´sche Glockenkurve

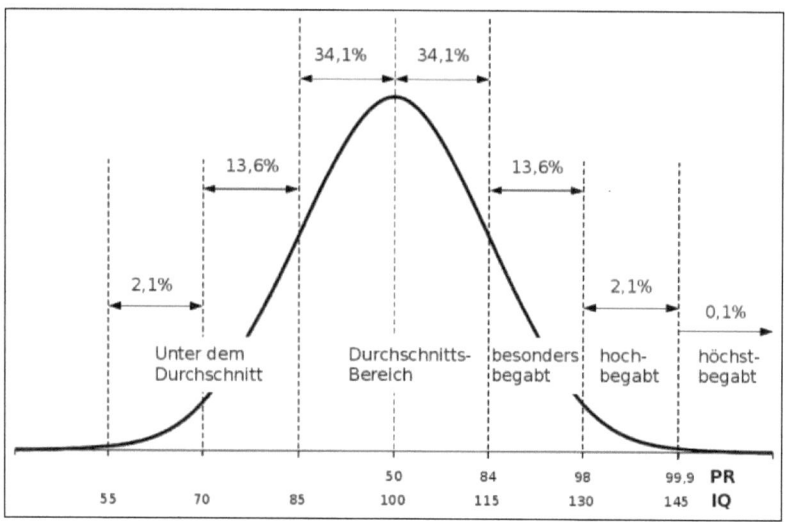

Quelle: Weinbrandt, B., Information für Eltern hochbegabter Kinder

Das Ergebnis beleuchtet grundsätzlich den tages-aktuellen Leistungsstand. Diese IQ-Skala wurde für die Auswertung der Spielerintelligenz deshalb gewählt, da sie in der Wissenschaft u.a. die kognitiven Fähigkeiten misst und gleichzeitig einen Toleranzbereich beinhaltet, der die Tagesform und die Zusammenstellung der Testkategorien relativiert. Das bedeutet, dass ein Proband mit einem IQ von 100 ein tatsächliches Ergebnis von 85-115 erzielt. Diese Standardabweichung findet auch in der Intelligenzforschung Berücksichtigung. Daher sind die Ergebnisse des hier vorgestellten IQ-Tests mit sehr hoher Wahrscheinlichkeit realistisch.

Auf die in der Psychologie gängige Darstellung in Prozenträngen (PR) wurde bewusst verzichtet, da dies in der Allgemeinheit eher selten genutzt wird und die Angaben in IQ-Punkten gebräuchlicher sind.

3 Anforderungsprofile

Wie bereits in der Einleitung erwähnt haben die Spieler neben der sehr hohen technischen Anforderung eine große Verantwortung im kognitiven Bereich. Die hier genannten kognitiven Anforderungsprofile beziehen sich größtenteils auf individualtaktische Elemente. Gruppentaktische Faktoren werden nur dargestellt, wenn sie in direktem Zusammenhang mit dem Thema dieser Hausarbeit stehen. Für den jeweiligen Spezialisten wird hier aus Gründen der Anschaulichkeit lediglich eine Auswahl[6] der Anforderungen aufgezählt.

3.1 Libero

Der Libero (L) ist der Spieler, der aufgrund seiner Hauptverantwortung in der Annahme der psychisch stärkste Spieler sein sollte. Im Idealfall kennt er im Annahmeriegel die Aufschlagqualität und –technik der gegnerischen Aufschläger. Die Antizipationsfähigkeit und Verantwortung beginnt beispielsweise mit der Ballberührung des Aufschlägers und endet mit der Angriffssicherung. Neben dieser ersten Handlung im Spielverlauf gibt es weitere Aufgaben:

- Antizipation der gegn. Aufschlaghandlung
- Analyse der gegn. Angriffsrichtung, -härte, -effektivität
- Antizipation des gegn. Zuspielers (zur Abwehr), des eig. Zuspielers (zur Sicherung), des eig. Angreifers und gegn. Blocks (zur Sicherung)
- Entscheidung zur Ausübung des Hilfszuspiels
- Psychische Stärke im Annahmeriegel, auch bei Mißerfolg

---

[6] Vgl. Papageorgiou/Spitzley „Handbuch Leistungsvolleyball" (2000)

3.2 Zuspieler

Die Zuspielfunktion wird i.d.R. als „Schaltstelle" auf dem Spielfeld bezeichnet. Die Verbindung der Annahme-, bzw. Abwehrhandlung mit der Angriffsstrategie gelingt nur unter Berücksichtigung folgender Faktoren:

- Analyse der individualtaktischen Fähigkeiten des Zuspielers selbst und der Angreifer der eigenen Mannschaft
- Gegnerische Block- und Feldabwehrqualität
- Wahrnehmung/Beobachtung des gegn. Mittelblockers
- Wahrnehmung/Beobachtung der Verfügbarkeit der eig. Angreifer
- Einschätzung des psychischen Zustandes der eig. Angreifer
- Analyse der gruppentaktischen Angriffshandlung im Hinblick auf Effektivität
- Veränderung von Spielrhythmus, -tempo, -technik
- Hervorragendes Zusammenwirken mit dem Trainer

Vielfach wird aufgrund der komplexen Beobachtungs- und Wahrnehmungssituation der Zuspieler (ZS) als der am meisten geforderte Spieler bezeichnet, wenn es darum geht, die Spielerintelligenz optimal zu entfalten.

3.3 Außenangreifer

Der Außenangreifer (AA) ist speziell im mittleren und oberen Leistungsbereich zugleich der Annahmespezialist. Neben seiner verantwortungsvollen Aufgabe des Spielaufbaus ist er aufgrund seines Aufgabenfeldes als Multitalent zu bezeichnen. Seine Position im Hinterfeld und am Netz sorgt neben dortigen Blockhandlungen dafür, dass schwierige, bzw. Notzuspiele trotzdem druckvoll und mit Zielsetzung umgesetzt werden müssen. Zudem stellt die Abwehr auf Position 6 weitere Anforderungen an die Spielerintelligenz.

- Antizipation der gegn. Aufschlaghandlung
- Antizipation + Qualitätsbeurteilung des eigenen Zuspiel(er)s
- Wahrnehmung der gegn. Block-, Abwehr-, Angriffshandlungen

- Antizipation des gegn. Zuspiels
- Beobachtung des zeitlich-räumlichen Verhaltens des Schnellangreifers

3.4 Mittelblock

Der Mittelblock (MB) steht wiederholt vor den wohl komplexesten Spielsituationen. Fast immer muss er sich mit dem gegnerischen Zuspieler und 4 Angreifern, agierend am Netz und im Hinterfeld auseinandersetzen. Die Wahrnehmung der gegnerischen Angreifer bezüglich möglicher Kombination erfordert ein erhöhtes Maß an Beobachtungs- und Handlungsgabe. Trotz der hohen koordinativen Belastung muss der Mittelblocker ebenfalls über ein hohes Maß an kognitiven Fähigkeiten verfügen.

- Wahrnehmung der gegn. Spieler unter Berücksichtigung der versch. Kombinationen untereinander
- Antizipation der eig. Annahme zur Einleitung des Schnellangriffs
- Beobachtung des gegn. Angreifers im Moment der Angriffshandlung
- Antizipation des gegn. Zuspielers + Kenntnis seiner bevorzugten Pässe
- Überdurchschnittliche Wahrnehmungs- und Kopplungsfähigkeit

3.5 Diagonalspieler

Der Diagonalspieler (D) ist zumeist der erfolgreichste Punktesammler in der Mannschaft. In der Regel verfügen Diagonalspieler über die beste Physis und sollten auch aus scheinbar aussichtslosen Situationen die Punktchance suchen. In der Regel hat er die geringste kognitive Beanspruchung. Er agiert im unteren und mittleren Leistungsbereich im Block zumeist gegen nur einen Angreifer und hat die geringsten Beobachtungsaufgaben im Spiel. Obwohl er keine Aufgaben in der Annahme besitzt, muss er trotzdem den weiteren Spielverlauf antizipieren können.

- Antizipation der eig. Annahme zur Umsetzung der Angriffsstrategie
- Beobachtung des gegn. Angreifers und Anpassung der eig. Blockhandlung

- Im oberen Leistungsbereich Antizipation des gegn. Zuspiels zum Aufschließen zum 3er Block gegen gegn. Diagonal-/Hinterfeldangriff

-

3.6 Universalspieler

Gerade im unteren Leistungsbereich kann es sinnvoll sein, neben 2 Zuspielern mit 4 Universalisten (U) zu arbeiten, um die Athleten nicht zu früh zu spezialisieren. Alle spielerischen Elemente sollten so ausgebildet sein, dass auch Hilfstechniken ausreichend angewandt werden können. Doch auch im oberen Leistungsbereich kommt es vor, dass Spieler auf mehreren Positionen eingesetzt werden können. Auch wenn davon auszugehen ist, dass der spezialisierte Spieler in seiner ausführenden Qualität überlegen ist, kommt es vor, dass der Universalspieler in bestimmten Situationen aushelfen muss. Daher sollte er die kognitiven Fähigkeiten der Spezialisten abrufen können. Obwohl der Universalspieler in den meisten Fällen nur zwei bis drei Positionen beherrscht, findet er im Profibereich kaum noch Anwendung, wohl aber in den 2. und 3. Bundesligen. Zu den jeweiligen Eigenschaften der o.g. Spielertypen können noch weitere genannt werden, die auf alle anderen nicht zwingend zutreffen.

- Kenntnis und Anpassungsfähigkeit bzgl. Laufwegen und Gruppentaktik
- Umschalt- und Kopplungsfähigkeit bzgl. Technik und Positionierung

4 Analyse und Auswertung der erhobenen Daten

Die Datenerhebung erfolgte unter Einbeziehung folgender Parameter: Größe, höchstgespielter Spielklasse, Alter und Spielerfahrung. Die Spielklasse wurde für den weiteren Verlauf und die Darstellung der Analyse neu kategorisiert. Der Grund dafür liegt an der unterschiedlichen Struktur in den Bundesländern. Die Datenerhebung erfasste Mannschaften vorrangig aus Niedersachsen, Sachsen-Anhalt, Bremen und Nordrhein-Westfalen. Die Neueinteilung erfolgt folgendermaßen:

Bezirksklasse + Bezirksliga = unterer Leistungsbereich (**UL**)
Landesliga + Verbandsliga = mittlerer Leistungsbereich (**ML**)
Oberliga + Regionalliga = oberer Leistungsbereich (**OL**)
Dritte Liga + 2.Bundesliga = Bundesliga (**BuLi**)
1. Bundesliga = 1. Bundesliga (**1.BL**)

Eine Einteilung in nur drei Leistungsbereiche würde die Ergebnisse verwässern, daher wurde die Aufteilung in fünf Gruppen favorisiert. Zudem wird die 1.Bundesliga „außer Konkurrenz" aufgeführt, da hier externe Einflüsse und Voraussetzungen wie Trainingshäufigkeit und Professionalität mit den übrigen Ligen nicht vergleichbar sind.

4.1 Einschätzung der Leistungsfähigkeit durch Trainer und Spieler

Für diese Einschätzung wurden 77 Personen mit Volleyballbezug befragt mit der Aufgabe, die sechs Spezialisten in eine Reihenfolge zu bringen, die die Wichtigkeit der kognitiven Eigenschaften dokumentiert. Das bedeutet: Welcher Spieler auf dem Feld sollte die höchste Spielerintelligenz besitzen, wer kann die geringste aufweisen?

61 Angaben waren gültig, 16 waren ungültig (vgl. 4.1.2)

Zur Möglichkeit der Darstellung bekam der Letztplatzierte einen Punkt und die weiteren Spieler aufsteigend je ein Punkt mehr bis zum Maximum von sechs Punkten für den Erstplatzierten (s. Abb. 3).

4.1.1 Analyse

Abbildung 3: Statistik zur Einschätzung der Spielerintelligenz

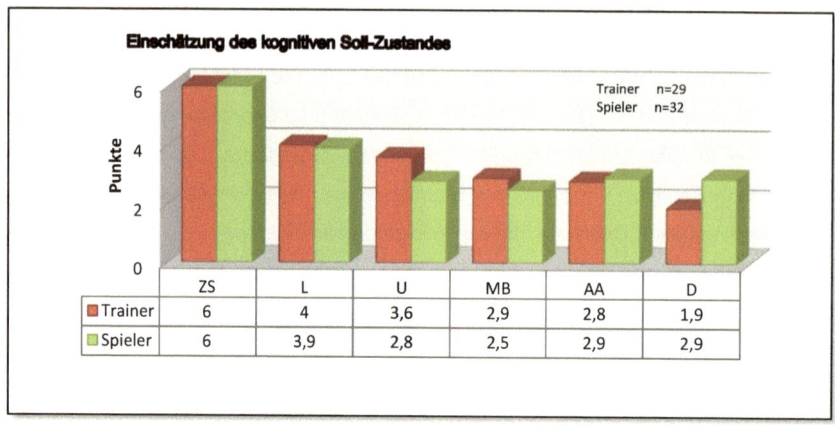

Auffallend an den Angaben ist, dass sich alle drei Gruppen über die maximalen kognitiven Qualitäten des Zuspielers einig sind. Lediglich im Spielerbereich gab es ein Mal „nur" einen zweiten Platz für den Zuspieler. Während die Trainer dem Universalisten mehr Leistungsanspruch zusprechen (Platz 3), sind sich Spieler weitgehend einig, diesen weiter hinten einzustufen (Platz 5). Der Mittelblocker wird in beiden Gruppen etwa gleich eingestuft und der Diagonalspieler stark unterschiedlich behandelt. Die Trainer ordnen den Diagonalspieler abgeschlagen auf Platz 6 ein, während die Spieler ihm in etwa die gleichen kognitiven Ansprüche zuweisen wie den anderen Angreifertypen.

4.1.2 Auswertung

Gemäß dem Anforderungsprofil des Zuspielers erwarten Trainer und Spieler, dass der Zuspieler der intelligenteste Spieler auf dem Feld sein sollte. Die unterschiedlichen Einstufungen der Universal- und Diagonalspieler sind hingegen sehr auffällig. Der Grund liegt in der Betrachtung: Alle Block-, Angriffstypen werden im Spielerbereich etwa gleich eingeschätzt, während die Trainergruppe zwischen den Intelligenzansprüchen stark differenziert und den Diagonalspieler aufgrund seines geringsten Aufgabenbereichs ganz hinten einstuft (vgl. 3.5).

Der Grund für den Unterschied beim Universalisten liegt darin, dass ein Teil der Spieler diese Position als „unecht" bezeichnet. 16 befragte Personen gruppierten den Universalspieler beispielsweise gar nicht erst ein, was die übrigen Angaben ungültig machte. Die Position des Diagonalspielers ist innerhalb der Testgruppe z.B. nur mit einem Anteil von 5,6% vertreten. Deshalb ist davon auszugehen, dass die Definition des Anforderungsprofiles nicht ausreichend geläufig ist, während die Trainergruppe hier zu differenzieren weiß.

4.2 Gesamtbetrachtung

In der Gesamtbetrachtung wurde lediglich innerhalb der Testgruppe, d.h. nur unter Volleyballspielern differenziert. Ein Vergleich zu einer Kontrollgruppe, bestehend aus Nicht-Volleyballspielern, erfolgt nicht, da dies nicht zielführend ist. Stattdessen werden in Tabelle 2 die prozentualen Anteile innerhalb der Testgruppe mit den empirisch ermittelten Anteilen innerhalb der Gesamtbevölkerung (aus Abb. 2) verglichen.

4.2.1 Analyse

Tabelle 2: Gegenüberstellung Testgruppe - Gesamtbevölkerung

IQ	Anzahl n	Anteil %	Anteil % *
<55	0	0	0,13
-70	9	3,44	2,14
-85	25	9,54	13,59
-100	81	30,92	34,13
-115	85	32,44	34,13
-130	53	20,23	13,59
-145	8	3,05	2,14
>145	1	0,38	0,13

*Normalverteilung der
Gesamtbevölkerung

Auffallend an den Ergebnissen ist der Anteil der IQ-Klasse 70-85, die einen niedrigeren Wert (9,54% vs. 13,59%) als in der Gesamtbevölkerung aufweist. Die gegenüberliegende Gruppe im Bereich 115-130 weist im Gegenzug einen deutlich höheren Anteil (20,23% vs. 13,59%) auf. Alle anderen Bereiche weichen nur verhältnismäßig gering voneinander ab.

4.2.2 Auswertung

Der geringe Anteil unter den Minderintelligenten und der gleichbedeutend hohe Anteil unter den Hochintelligenten ist ein Indiz für den hohen kognitiven Anspruch der Sportart Volleyball. Dies kann aber an dieser Stelle nicht empirisch bewiesen werden, da Vergleichsdaten einer „nicht-Volleyball"-Kontrollgruppe, die den gleichen Test absolvierte, nicht vorliegen. Desweiteren muss für einen Vergleich dieser Art eine höhere Anzahl von Testpersonen rekrutiert werden.

4.3 IQ-Verteilung nach Geschlecht

An der Studie nahmen 140 Herren und 122 Damen teil. Die höhere Anzahl der Herren ermöglicht einen genaueren Durchschnittswert, der Schwankungen nicht so stark unterliegt wie der Wert der Damen.

4.3.1 Analyse

Abbildung 4: IQ-Verteilung nach Geschlecht

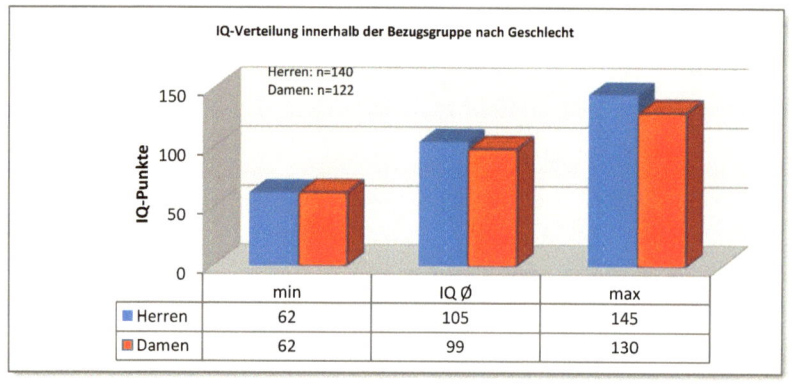

Das Ergebnis, welches in Abbildung 4 dargestellt wird, zeigt einen leicht höheren IQ der Herren gegenüber dem der Damen. Beide Messwerte liegen jedoch im Durchschnittsbereich. Der geringste Wert wurde bei beiden Geschlechtern mit je 62 Punkten erzielt, der höchste mit 145 bei den Herren und 130 bei den Frauen. Während die Frauen nur eine Probandin mit einem IQ von 130 aufweist, befinden sich gleich 8 Männer oberhalb der Grenze zur Hochbegabung (in der Abb. nicht ersichtlich).

4.3.2 Auswertung

Begünstigt wird der unter Volleyballern durchgeführte Test durch die bei Männern höhere Fähigkeit, sich gedanklich in zwei- oder dreidimensionalen Räumen zu bewegen. Der höhere Durchschnittswert bei den Herren lässt sich durch Studien von Irwing & Lynn der Universität Manchester[7] bestätigen, die herausgefunden haben, dass Männer einen um 5 Punkte höheren IQ besitzen als Frauen. Mögliche Bezüge zum Volleyball lassen sich bei den Herren beispielsweise an einer höheren Konzentration von Angriffskombinationen darstellen, die kognitiv anspruchsvoller sind. Entsprechende Aufmerksamkeit in Block und Abwehr komplettieren die Ansprüche an die Spielerintelligenzen in diesem Teilaspekt.

4.4 Betrachtung nach Leistungsklassen

In der folgenden Analyse wurden die Testergebnisse nach Leistungsklassen sortiert, um mögliche Zusammenhänge herausstellen zu können. In Abbildung 5 ist der Intelligenzquotient rot dargestellt und als weitere Angaben sind das geringste und höchste Ergebnis in der Leistungsklasse abgebildet.

---

[7] Vgl. www.sueddeutsche.de

4.4.1 Analyse

Abbildung 5: Darstellung der Leistungsklassen

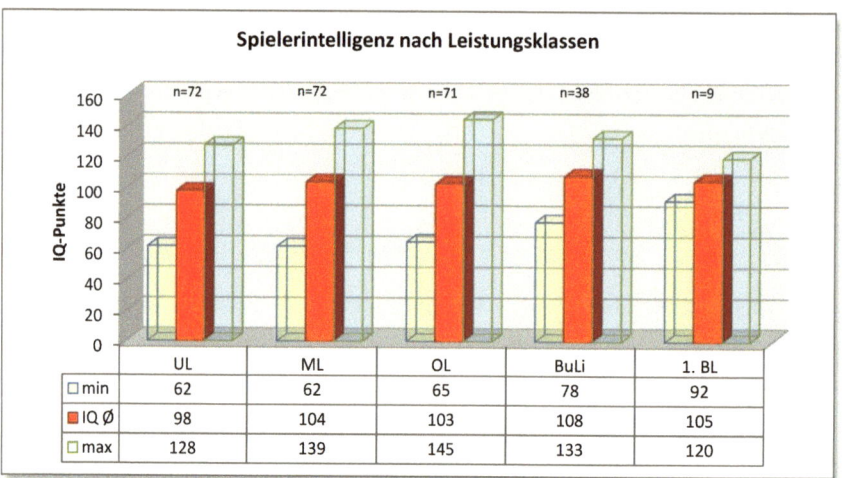

	UL	ML	OL	BuLi	1. BL
☐ min	62	62	65	78	92
■ IQ Ø	98	104	103	108	105
☐ max	128	139	145	133	120

Der Durchschnittliche IQ steigt von der UL (Wert: *98*) bis zur BuLi (Wert: *108*) stark an und fällt in der 1.BL (Wert: *105*) leicht ab. Der Minimal-IQ innerhalb der Leistungsklasse von der UL bis zur OL ist nahezu identisch, während in der 1.BL der Minimal-IQ (*92*) fasst auf dem Niveau des Durchschnitts-IQs der UL liegt (*98*). In der BuLi gab es mit einem Minimumwert von *78* nur einen „Ausreißer", während der nächstbeste Wert auch hier bereits mit *92* vorliegt (nicht abgebildet). Der Maximalwert von *145* wird in der OL erreicht, während die 1.BL den geringsten Maximalwert aufweist. Während die BuLi nur eine Spanne von 55 Punkten aufweist, sind in den Leistungsklassen darunter Spannen zwischen 66 und 80 Punkten zu beobachten. Die Anzahl der befragten Personen (9) ist in der 1.BL mit einer Differenz von 61 Probanden jedoch um ein Vielfaches geringer als in den Klassen UL und ML (je 72).

4.4.2 Auswertung

Mit steigendem Spielniveau wachsen ebenso die Ansprüche an eine schnelle Problemlösungsfähigkeit. Während sich beispielsweise im UL ein Mittelblocker i.d.R. nur drei Angreifern gegenübersieht, muss er sich im OL bereits mit 5 Angreifern auseinandersetzen. Im OL ist die Leistungsdichte unter den Spielern zudem deutlich höher einzustufen als im UL. Daher ist davon auszugehen, dass derjenige Spieler größere Vorteile auf einen Punktgewinn hat, der die sich ihm stellenden Probleme aus externen und internen Einflüssen am schnellsten und effektivsten in Sekundenbruchteilen verarbeiten kann. Die stark abfallende Zahl der Probanden in der BuLi und 1.BL lässt einen Vergleich zu den übrigen Klassen nur mittelbar zu. Während der Durchschnitts-IQ in der BuLi als realistisch anzusehen ist, wird die Spanne zwischen min.- und max.IQ sehr wahrscheinlich größer, wenn die Zahl der Probanden steigt, da folglich mehr Ausreißer zu erwarten sind.

In der Entwicklung der Spieler sind Faktoren wie Körpergröße, Schule, Umfeld, Elternhaus, Verein, Verletzungsanfälligkeit, Förderung, Trainingsumfang und Trainer sicherlich maßgeblich für eine qualitative hochwertige Entwicklung der jungen Athleten. So können Spieler mit hohem kognitivem Faktor an der Grenze zur Professionalität letztendlich scheitern, wenn die o.g. Einflüsse in zu geringem Maße gegeben sind.

Da Hochintelligenz aber ebenso gleichbedeutend ist mit z.B. schnellerer Lernfähigkeit und Motivation, hat dies Vorteile gegenüber durchschnittlich begabten Athleten. Verbunden mit der Steigerung des Durchschnitts-IQs, die erst im Bundesligabereich (BuLi) ihr Maximum findet, führt dies zu folgender Schlussfolgerung:

„Je höher die Spielklasse, desto höher die Spielerintelligenz"

oder

„Je höher die Spielerintelligenz, desto besser die Chancen auf eine höhere Spielklasse."

4.5 Betrachtung nach Spielpositionen

Abbildung 6 zeigt die Statistik mit Angaben zum IQ-Gesamtdurchschnitt und der Differenzierung zwischen den Geschlechtern, um Abweichungen feststellen zu können. Eine Unterscheidung nach Leistungsklassen erfolgt in Kapitel 4.7.

4.5.1 Analyse

Abbildung 6: Statistik nach Positionen

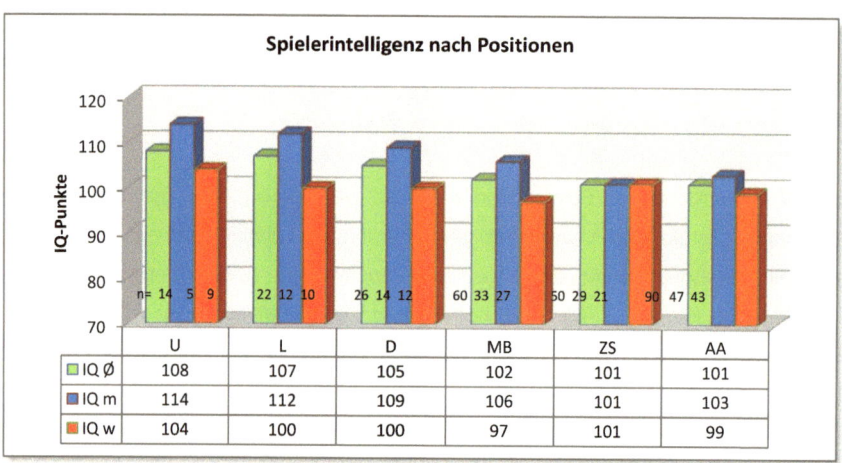

Die höchste Spielerintelligenz wurde in dieser Testreihe bei den Universalisten festgestellt. Sowohl im Herren- als auch Damenbereich erzielte er die höchsten Ergebnisse (*114* und *104*). Der Libero ist bei den Männern ähnlich stark in seinen kognitiven Eigenschaften ausgeprägt (*112*), bei den Frauen vergleichbar durchschnittlich (*100*) zu den anderen Positionen. Der Diagonalspieler erzielt ebenfalls ein überdurchschnittliches Ergebnis, vor allem getragen durch den hohen Wert von *109* bei den Herren. Mittelblock, Zuspieler und Außenangreifer erzielen gesamthaft nahezu identische, aber durchschnittliche Ergebnisse, weisen aber eine deutlich höhere Zahl an Testpersonen auf. Der Unterschied zwischen Damen und Herren bezüglich des Mittelblocks ist ähnlich hoch wie beim Universalspieler, Libero und Diagonalangreifer.

4.5.2 Auswertung

Erste Korrelationen zwischen Anforderungsprofil und tatsächlicher Intelligenz sind bezüglich des Universalspielers festzustellen. Die Anzahl der Probanden ist zwar deutlich geringer, jedoch ist das Ergebnis sowohl bei den Frauen als auch den Männern überdurchschnittlich, bzw. z.T. weit vor den Ergebnissen der anderen Spielpositionen. Die geringe Anzahl der verfügbaren Probanden liegt in der Natur der Sache. Nur wenige Spieler vermögen es, mehr als eine Position nahezu gleichwertig zu besetzen.

Der Libero erzielt im Herrenbereich ebenfalls ein weit überdurchschnittliches Ergebnis. Der Unterschied zu den Frauen liegt u.a. in der Spielweise der Herren begründet. Deutlich höhere Geschwindigkeiten sowohl im Aufschlag als auch im Angriff erfordern eine höhere Konzentration und eine bessere Antizipation, um sich frühzeitig auf den zu erwartenden Angriff vorzubereiten.

Folge des Regelwerks und der Aufstellungstaktiken ist die hohe Anzahl an Außenangreifern. Gemäß dem Grundsatz in der Jugend: „Große Spieler in die Mitte, alle anderen nach Außen", werden überdurchschnittlich viele Außenangreifer ausgebildet. Laut Anforderungsprofil sind keine Korrelationen festzustellen. Überraschend ist die Stellung des Zuspielers in der Statistik. Mit lediglich *101* Punkten landet der Zuspieler in der Realität nur auf dem 5. Platz. Auch hier liegt der Grund z.T. in der frühen Ausbildung begründet. Zu früh werden Spieler spezialisiert, z.B. im Fall des Zuspielers, weil er womöglich zu einem bestimmten Zeitpunkt das obere Zuspiel besser beherrscht als seine Mitspieler. Häufig wird der frühe Erfolg gesucht, was sich in den Folgejahren suboptimal auf die Mannschaftsleistung auswirken kann. Eine Umschulung auf die Zuspielposition erfolgt in den seltensten Fällen, da die Position sehr zeitintensiv geschult werden muss und ein anfangs hohes Fehlerpotential birgt.

Die erwartete kognitive Bestbesetzung der Zuspielposition konnte mittels dieser Studie nicht bestätigt werden. Der Diagonalspieler ist laut Ergebnis überqualifiziert.

Das jeweilige Ergebnis betrachtet lediglich die Gesamtheit der Spielpositionen, jedoch lässt sich feststellen, dass die Besetzung der Zuspiel- und Außenposition noch Potentiale birgt.

4.6 Vergleich der Größe zum IQ in den Bundesligen

In Kapitel 4.5 wurde herausgefunden, dass die Positionen gemäß Anforderungsprofil nicht optimal besetzt sind. Da in der Bundesliga, sowie bei Kadersichtungen, u.a. die Körpergröße ein limitierendes Element ist, entsteht die Theorie, dass unterdurchschnittlich große Spieler diesen Nachteil durch höhere Intelligenz ausgleichen (können). Der spieltechnische Aspekt wird in der folgenden Auswertung nicht betrachtet. Um herauszufinden, ob möglicherweise kleinere Spieler eine höhere Intelligenz besitzen, werden Größe und IQ der erfassten Spieler einzeln abgebildet. Exemplarisch wird dies für die Position des Zuspielers, Mittelblockers und Außenangreifers betrachtet, da diese drei Gruppen in der Gesamtanalyse im Ranking die letzten Plätze belegten (vgl. 4.5)

4.6.1 Analyse

Abbildung 7: Statistik Zuspieler

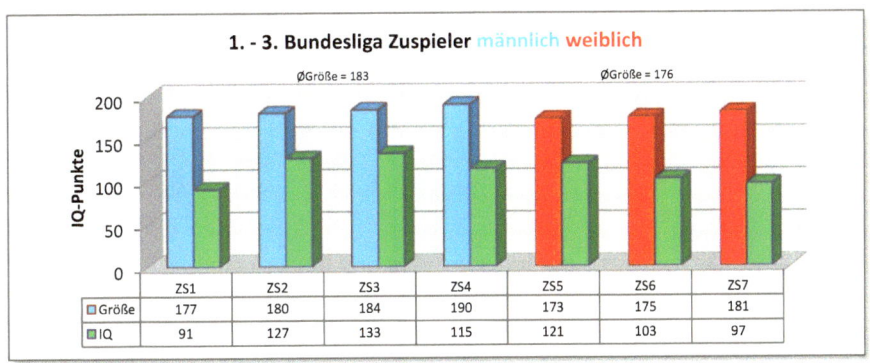

Abbildung 8: Statistik Mittelblocker

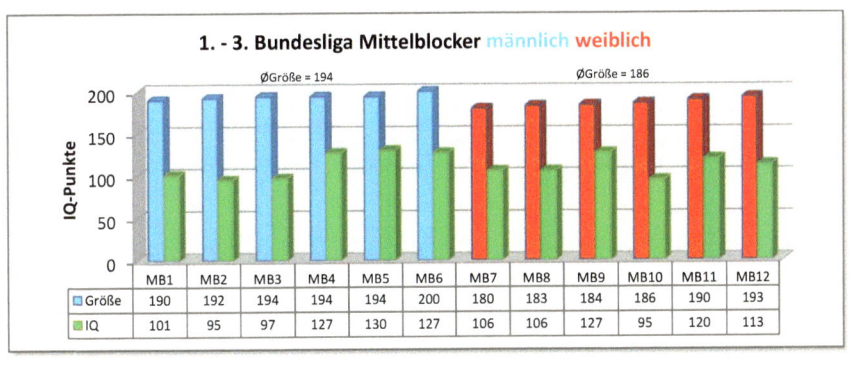

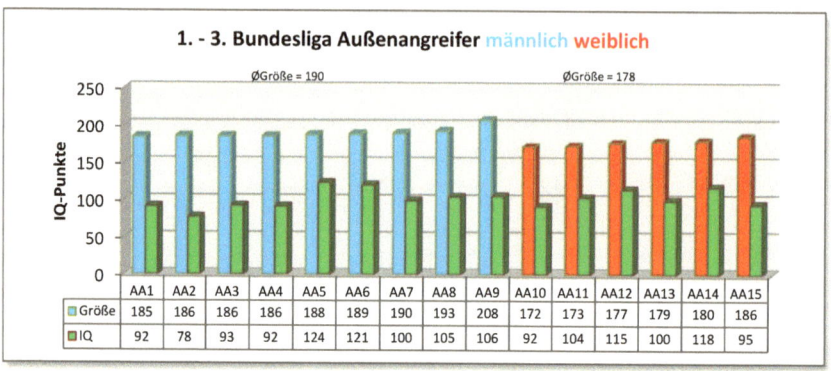

In der Betrachtung der Statistiken erzielen die Spieler mit einer mittleren Körpergröße die höchsten IQ-Werte. Bei den Mittelblockern schneiden die größten Spieler durchschnittlich am besten ab und lediglich bei den weiblichen Zuspielern die kleinste Spielerin. Die geringsten IQ-Werte werden zumeist von den kleineren Spielern im jeweiligen Geschlecht erzielt (Ausnahme: MB10 mit *95* IQ-Punkten und ZS7 mit *97*). Außer bei den weiblichen Zuspielern ist keine Korrelation erkennbar. Hier ist zu erkennen, dass die kleinste Spielerin den höchsten IQ besitzt und die anderen beiden Zuspielerinnen jeweils abnehmende Punkte aufweisen.

4.6.2 Auswertung

In der Analyse sind kaum Auffälligkeiten erkennbar. Es sind weder Gemeinsamkeiten zwischen allen kleinsten Spielern und dem jeweiligen IQ erkennbar, noch Unterschiede zwischen kleinen und großen Spielern. Die Theorie, dass kleinere Spieler in höheren Spielklassen eine höhere Intelligenz besitzen (sollten), kann nicht bestätigt werden. Gegenteilig zu dieser Erwartung wurde nachgewiesen, dass sogar eher kleinere Spieler einen geringeren IQ aufweisen. Dass die Spieler mit der einer für die Position durchschnittlichen Größe den höchsten IQ besitzen, lässt sich ebenso nur in Einzelfällen bestätigen.

Lediglich bei den weiblichen Zuspielern ist zu beobachten, dass die kleinste Spielerin den höchsten IQ aufweist. Da jedoch in allen anderen Fällen eher ein zufälliges Raster zu erkennen ist, kann dies als Zufall betrachtet werden.

Obwohl die Anzahl der Testpersonen vergleichsweise gering ist und sich dadurch die Ergebnisse nicht valide stützen lassen, kann vor dem Hintergrund der Theorie, dass sich kleinere Spieler durch eine höhere Spielerintelligenz empfehlen, eine weitere Regel abgeleitet werden:

In den Bundesligen steht die Körpergröße in keinem Zusammenhang zur kognitiven Leistungsfähigkeit.

4.7 Vergleich der Positionen innerhalb der Leistungsklassen

Aufbauend auf der Feststellung, dass die in Kapitel 4.5 dargestellten Ergebnisse von den Erwartungen abweichen, werden in dieser Auswertung die Leistungsklassen unter sich betrachtet, um herauszufinden, ob sich ligaabhängige Veränderungen in den Konstellationen ergeben.

4.7.1 Analyse

Abbildung 10: Statistik nach Position und Leistungsklasse

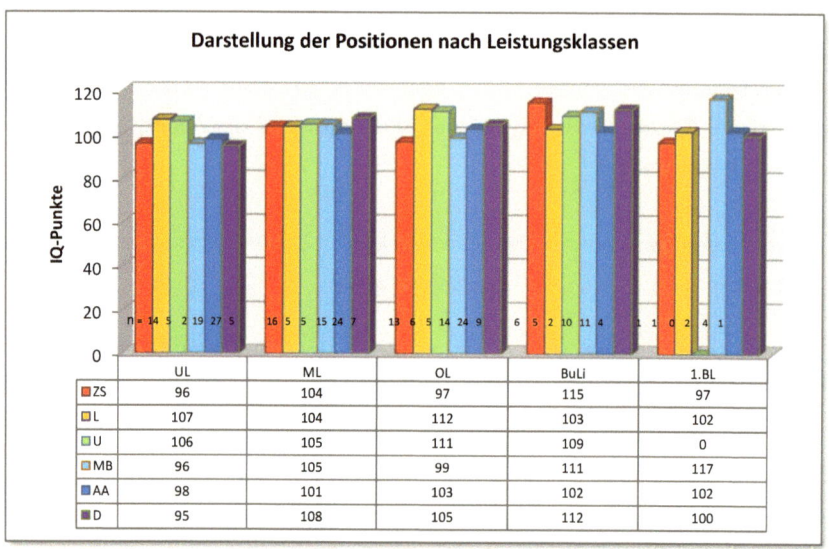

Darstellung der Positionen nach Leistungsklassen

	UL	ML	OL	BuLi	1.BL
■ ZS	96	104	97	115	97
■ L	107	104	112	103	102
■ U	106	105	111	109	0
■ MB	96	105	99	111	117
■ AA	98	101	103	102	102
■ D	95	108	105	112	100

In Abb. 10 wurden alle Leistungsklassen abgebildet, um direkte Vergleichsmöglichkeiten zu schaffen. Die Positionen sind nach der Rangfolge sortiert, die die Trainer in Kapitel 4.1 festgelegt haben. D.h. bei einer Übereinstimmung müssten innerhalb einer Leistungsklasse abfallende IQ-Werte zu beobachten sein. Dies ist jedoch in keiner der 5 Darstellungen festzustellen. Lediglich in der UL ist eine derartige Rangfolge zu beobachten, allerdings fällt der Zuspieler hier weit ab, statt vor den anderen zu liegen. In der ML liegt sogar das Gegenteil vor. Hier gibt es sogar eine leicht aufsteigende Reihenfolge, die den Erwartungen der Trainer widerspricht. Einen „Ausreißer" wie in allen anderen Kategorien gibt es hier jedoch nicht. Der AA erzielt zwar einen Wert von *101*, liegt aber nur 7 Punkte unter dem höchsten (*108*). Die jeweils höchsten Werte innerhalb der Positionen werden in der OL und BuLi erzielt. Lediglich in der BuLi liegt der Zuspieler vor den anderen Positionen, während er in der OL zusammen mit dem Mittelblock ein unterdurchschnittliches Ergebnis erzielt. Weiterhin auffallend sind die weit überdurchschnittlichen Ergebnisse des Liberos und Universalisten in der UL.

4.7.2 Auswertung

Auch aus dieser Analyse ergeben sich keine neuen Erkenntnisse. Es lässt sich lediglich die Theorie bestätigen, dass mit zunehmender LK auch die IQ-Werte der Positionen ansteigen (vgl. hierzu die Datentabelle in Abb. 10).

Die Gruppe der 1.BL ist zwar mit abgebildet, hier fällt jedoch die geringe Anzahl der Probanden auf, die es z.T. nicht zulässt, einen Durchschnitt zu bilden, da z.T. nur Einzelwerte vorliegen. Daher werden die Werte im folgenden Ranking nicht berücksichtigt. Zieht man die jeweils höchsten Werte einer Position heraus, erhält man folgendes Ranking:

1. Zuspieler   *115* (aus BuLi)
2. Libero   *112* (aus OL)
3. Diagonalspieler   *112* (aus BuLi)
4. Universalspieler   *111* (aus OL)
5. Mittelblock   *111* (aus BuLi)
6. Außenangreifer   *103* (aus OL)

Hier ist zu beobachten, dass die Spieler mit den höchsten Einzelwerten, größtenteils von der OL und BuLi gestellt werden.

Es ist nun festzustellen, dass sich bis auf den Diagonalspieler exakt das Ranking herausstellt, welches durch die Trainergruppe prognostiziert wurde. Vergleicht man jedoch die Anforderungsprofile mit den Ergebnissen, so ist festzustellen, dass lediglich in der BuLi der Zuspieler seinen kognitiven Aufgaben gerecht werden kann und gerade der Außenangreifer, der ab dem ML zudem als Annahmespieler agieren muss, weit zurückbleibt. Der (überqualifizierte) Diagonalspieler hingegen liegt weit vor dem Außenangreifer, wird in der Praxis allerdings häufig in Doppelfunktion eingesetzt. So ist der Tausch des annehmenden Außenangreifers mit dem Diagonalspieler eine der häufigsten Positionsveränderungen. Nach den festgestellten Ergebnissen müssten also die hier getesteten Diagonalspieler bei einem Aufgabenwechsel zur Außenposition ihren Kognitionsvorteil leichter ausspielen können. Nicht berücksichtigt in dieser These sind sämtliche anderen Aspekte wie techn. Fertigkeiten, Mannschaftstaktik, etc.

4.8 Fehlerbetrachtung

Die hier dargestellten Ergebnisse sind grundsätzlich isoliert von techn. Fertigkeiten oder anderen Einflüssen zu verstehen. Es kann desweiteren anhand der Ergebnisse nicht abgeleitet werden, ob ein Zuspieler, z.B. ZS3 mit einem IQ von *133* mehr Einsätze erhält als ZS1 mit *91* Punkten (vgl. 4.6.1). Es wurden also alle Spieler erfasst, die in der Leistungsklasse aktiv sind oder waren, losgelöst vom tatsächlichen Einfluss auf das Spielgeschehen. Eine Analyse nach Spieleinsätzen ließe zwar mehr Rückschlüsse auf die agierende Mannschaft zu, würde aber die durchschnittlichen Ergebnisse zu sehr von den individuellen Messwerten abhängig machen. Dieses Phänomen liegt bei den Ergebnissen der Erstligamannschaft vor.

D.h. in der 1. Bundesliga wurde nur eine Mannschaft befragt mit einem z.T. überraschenden Ergebnis. Hier wurde z.B. nur eine Zuspielerin (mit *97* Punkten) getestet, die aber aufgrund dessen keine Rückschlüsse auf alle anderen Zuspielerinnen der Liga zulässt, da ein Mittelwert rechnerisch nicht zu ermitteln ist. Läge man dieses Ergebnis jedoch zu Grunde, käme man auf unrealistische Zahlen. Eine Erweiterung um lediglich eine Spielerin erzielt einen ähnlich ungenauen Effekt. So würde eine weitere Spielerin mit einem fiktiven IQ von 130 den Mittelwert auf 114 hochschnellen lassen. Zwei Werte sind also auch als zu wage anzusehen. Ein tendenzieller Wert lässt sich erst ab 5 Probanden ermitteln und auf andere Nicht-Teilnehmer übertragen, da der Schwankungsbereich von i.d.R. 30 Punkten innerhalb einer Testgruppe zu erwarten ist und sich somit eine Abweichung von etwa 6 Punkten ergibt.

Mögliche Einflüsse wie die Tagesform der Probanden, die unterschiedliche spielerische Belastung vor der Testphase, das „Abgucken" beim Nachbarn und Erfahrungen mit IQ-Tests können zudem das Ergebnis verfälschen.

5 Ursachenfindung

Kognitive Anforderungsprofile finden in der Jugendförderung, bzw. bei der Rekrutierung neuer Spieler kaum Anwendung. Bislang ist es gängige und bedingt vertretbare Praxis, dass sich neue Jugendspieler, die sich dem Volleyballsport verschreiben, im Rahmen ihrer Universalausbildung bis zu einem gewissen Punkt frei entfalten können/sollen. Ein Spieler, der das sogenannte „feine" Händchen mit auf den Weg bringt, wird eher auf die Zuspielposition gestellt als andere Spieler, die sich aufgrund Ihrer Größe und anderer, z.T. technischer Eindrücke für die Mittelblockposition empfehlen. Zu früh werden junge Spieler aufgrund des Nachwuchsmangels in Jugendmannschaften gedrängt und Positionen zugeordnet, die in diesem Moment Bedarf haben. So wird vom Zuspieler im Laufe der Zeit zwar verlangt, seinem Anforderungsprofil gerecht zu werden, doch ob er dazu überhaupt in der Lage ist, wird so gut wie nie überprüft. Trainingsmethoden wie das gezielte Setzen audiovisueller Reize in Verbindung mit koordinativen Aufgaben gehören zwar ins Standardrepertoire eines Trainings, jedoch entwickeln sich Spieler mit unterschiedlichen Voraussetzungen entsprechend unterschiedlich schnell, bzw. erfolgreich.

So passiert es, dass sich (identische Parameter vorausgesetzt) Spieler aufgrund Ihrer kognitiven Kompetenzen unterschiedlich entfalten. Ob sich ein Spieler früher oder später höheren Leistungsbereichen empfiehlt, liegt nicht zuletzt daran, in welchen Situationen er welche Entscheidungen, richtig oder falsch trifft. Diese Beobachtung unterliegt zwar oftmals subjektiven Eindrücken und der Bewertung des Beobachters, doch sie lässt sich langfristig auch am Erfolg der Mannschaft festmachen.

Dass sich der Zuspieler jedoch erst in den 2. und 3. Bundesligen kognitiv für die Position qualifiziert und einen Leistungsbereich darunter sogar deutlich hinter den Anforderungen zurückbleibt, liegt an der zu wichtigen Ausübung der techn. Handlung. So wird der Zuspieler im OL zwar präziser zuspielen können als andere Mitspieler, langfristig jedoch auf der Strecke bleiben, wenn es um natürliche Selektion für höhere Ligen geht.

Die Überqualifizierung des Diagonalspielers ergibt sich möglicherweise aus der Änderung des Spielsystems nach der Universalausbildung. So werden im frühen Stadium der Volleyballkarriere im UL häufig noch 2 Zuspieler und zwei Außenangreifer eingesetzt, die nicht immer auch Annahmespieler sind. Bei einem späteren Wechsel in das System mit nur einem Zuspieler und zwei festen Annahme-/Außenspielern (+Libero) wird zumeist der Spieler mit den schlechteren Annahmeeigenschaften, aber dem höheren Veränderungspotential auf die Diagonalposition gestellt. Physische Gründe spielen ebenso eine Rolle. Das höhere Veränderungspotential geht auch mit der höheren (subjektiv empfundenen) Spielerintelligenz einher und erklärt, warum der Diagonalspieler kognitiv letztendlich „überqualifiziert" ist. Kurzfristig werden so zwar Erfolge erzielt, langfristig bleiben die Entfaltungsmöglichkeiten des Außenangreifers hinter den Möglichkeiten, die sich auf der Position ergeben.

6 Bezugnahme auf Kadersichtungen

Das Entscheidungskriterium der objektiven Bewertung der geistigen Fähigkeiten eines Spielers stellt eine unterstützende Möglichkeit dar, wie sich Spieler auf Ihrer zugewiesenen Position entfalten können. Dieses kann aber auch anderen Faktoren wie beispielsweise den Fertigkeiten oder der Körpergröße untergeordnet werden.

Abbildung 11: Verteilung in der OL

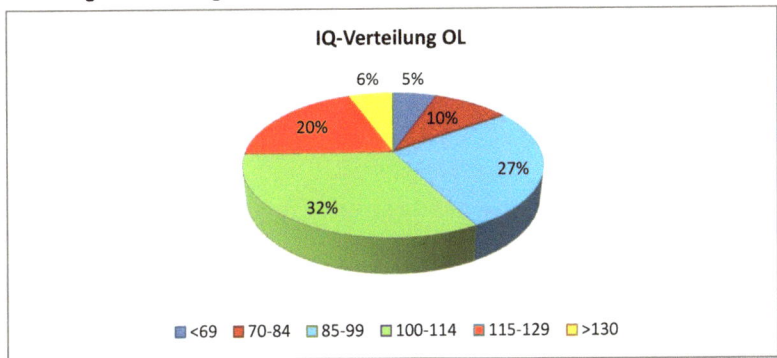

Abbildung 12: Verteilung in den Bundesligen

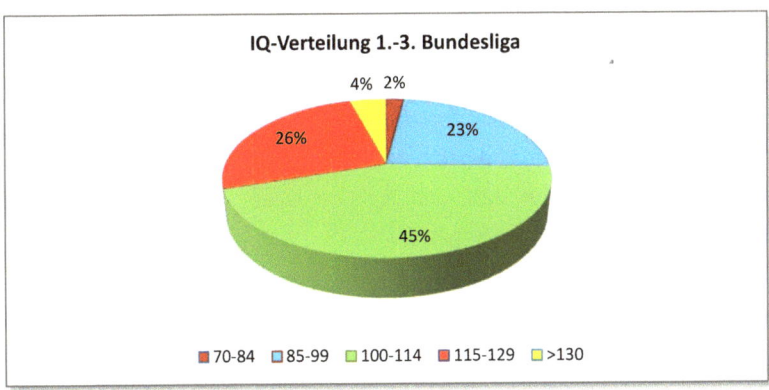

Trotzdem soll eine weitere Auswertung, speziell für die Sichtung von Kaderspielern hilfreich sein. Die Abb. 11 & 12 stellen den Unterschied in der OL und in den Bundesligen dar und bilden die IQ-Verteilung innerhalb der Leistungsklasse ab. Abbildung 11 zeigt, dass 6% der Spieler in der OL hochbegabt sind (>130) und 20% besonders begabt (>115).

In Abb. 12 ist abzulesen, dass der Anteil der besonders Begabten innerhalb der Bundesligen bereits bei 26% liegt und die Hochbegabten zu 4% vertreten sind. Der

Durchschnitt in der Gesamtbevölkerung liegt bei 2,2% (vgl. Abb. 2). Lediglich 25% sind normal oder minderbegabt. Dieser Anteil liegt in der OL bereits bei 42%. Diese Auswertung zeigt also sehr anschaulich, dass der Anteil der IQ-Gruppe >100 in den Bundesligen deutlich höher ist (75%) als in der OL (58%). Die anderen Leistungsklassen sind hier nicht dargestellt, da davon auszugehen ist, dass Kaderspieler mindestens im Oberen Leistungsbereich aktiv sein werden.

Abbildung 13: Verteilung Kader U16

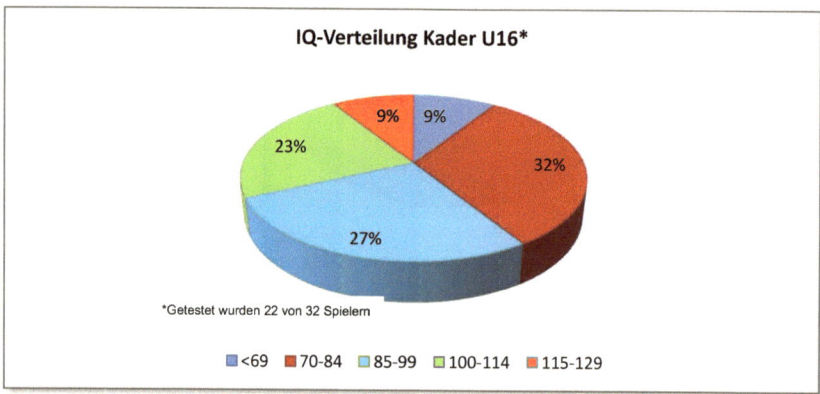

Dem gegenüber steht die Auswertung des männlichen und weiblichen U16 Kaders eines Bundeslandes. (Abb.13) Hier liegt der Anteil der besonders Begabten bei lediglich 9% und Hochbegabte sind gar nicht nachgewiesen. Der Anteil der Gruppe >100 liegt insgesamt bei nur 32% und steht in einem starken Kontrast zum gegenwärtigen Bedarf in den Bundesligen (75%).

Daher ist davon auszugehen, dass bei gleichbleibenden Bedingungen trotz des technischen Vorsprungs nur ein Teil der getesteten Spieler die Chance hat, sich langfristig im oberen Leistungs- oder gar Bundesligabereich anzusiedeln.

Spieler mit einem IQ von 100 ist der Weg in die Bundesligen nicht automatisch verwehrt, da äußere Einflüsse einen sehr hohen Anteil am späteren Erfolg haben. Die Wahrscheinlichkeit, dass es ein Spieler mit einem IQ von 115 schaffen wird, ist deutlich höher. Dies verdeutlicht Abbildung 12 eingehend. Auch die Bevorteilung von hochbegabten Perspektivspielern ist eine ernstzunehmende Alternative. Daher sollte bei Kadersichtungen die wichtige kognitive Eigenschaft ein Entscheidungskriterium sein, um langfristig Spieler in die Bundesligen zu bringen, bzw. größtmögliche Erfolge in der Wettbewerbs- und Trainingsphase zu erzielen. Ein kognitiver Leistungstest, bzw. IQ-Test lässt sich beispielsweise als Gruppentest ausführen und kann daher mit allen Probanden gleichzeitig durchgeführt werden.

Aus diesen Erkenntnissen lässt sich eine weitere Schlussfolgerung ableiten:

Bei gleicher Qualifikation sollte dem kognitiv besseren Athleten der Vorrang gegeben werden.

7 Trainingsaspekte

Eine Positionsempfehlung nach kognitiven Eigenschaften unterliegt oft der erstrangigen Feststellung, inwieweit die technische Ausbildung und die Physis vorangeschritten sind, um vakante Positionen zu besetzen. So wird ein Trainer die Position des Mittelblockers eher nach der Körpergröße besetzen als nach dem IQ-Wert des Spielers. Ein Beispiel soll dies verdeutlichen: Spieler A, 190cm groß, mit hoher Beobachtungsgabe und guter techn. Ausbildung und einem IQ von *104* wird eher auf die Position gesetzt als Spieler B, 182cm groß, mittl. Beobachtungsgabe, durchschnittlichem Ausbildungsstand und einem IQ von *132*. Der kurzfristige Erfolg wird deutlich höher sein als der langfristige. In dem vorangegangenen Beispiel ist die Entscheidung jedoch einfach. Die Körpergröße limitiert hier die Möglichkeit von Spieler B. Wie sieht es aber bei gleicher Körpergröße aus? Hier wäre es ratsam, Spieler B den Vorzug zu geben und diesem u.a. mehr techn. Training zukommen zu lassen. Zudem müssen Spieler mit hohen Intelligenzquotienten kognitiv gefordert werden, da sich hochintelligente Menschen schnell langweilen. Das wiederum bedeutet, dass die Konzentrations- und Lernfähigkeit unverhältnismäßig schnell sinkt und wichtige sensorische Reize verschenkt werden. Zusatzaufgaben wie Beobachtungsrückmeldungen, Zusammenzählen von Primzahlen oder aber die Dokumentation von Aktionen anderer Spieler steigern das Anforderungsniveau. Hochintelligente Spieler sind zudem in der Lage, sich selbst zu trainieren.

Die aufgezählten Trainingsideen stellen nur eine Auswahl dar, wie Trainer handeln können, die den IQ ihrer Spieler kennen. Es ist also wichtig für den Trainer zu wissen, über welches kognitive Potential seine Spieler verfügen. I.d.R. kann man dies vermuten, denn auffallend sind zumeist Spieler, die sich im Hochbegabtenbereich bewegen. Doch auch Spieler mit Werten von *115* Punkten brauchen deutlich mehr Zusatzaufgaben als Spieler mit *90*, denen wiederum mehr persönliche Aufmerksamkeit geschenkt werden sollte.

Wichtig: *Eine Steigerung der Intelligenz per se ist nicht möglich. Studien von Terman & Merrill (1960), Jenssen (1969), Stein & Sussex (1970), Erler (1972), Eppel (1974)[8] belegten, dass sich Intelligenz in frühkindlicher Förderung nicht langfristig trainieren lässt, sondern eher Umwelteinflüssen unterliegt. Diese Einflüsse bestehen z.B. aus Elternhaus, Schule, Wohngebiet und sozialen Kontakten. Eine Beeinflussung von IQ-Werten ist durch kognitive Belastungen von Volleyballspielern also nicht möglich. Jedoch lassen sich Beobachtungs- und Entscheidungsfähigkeiten hierdurch trainieren und positiv beeinflussen.*

Daher darf der Aspekt der kognitiven Reizdichte im Training nicht unterschätzt werden. Dem höheren Belastungsbedarf hochbegabter Athleten können 2-3 Trainingseinheiten in der Woche mit zumeist ehrenamtlichen und zeitlich gestressten Trainern kaum gerecht werden. Volleyballstützpunkte stehen diesbezüglich vor anderen Möglichkeiten. Hier sollte auf die individuellen Entfaltungsmöglichkeiten Rücksicht genommen und die persönlichen Spielräume mehr ausgereizt werden.

---

[8] Vgl. Rost, D., Handbuch Intelligenz (2013), S. 419

8 Zusammenfassung

An die Spieler auf den verschiedenen Positionen werden grundsätzlich hohe kognitive Anforderungen gestellt. Sekundenbruchteile müssen ausreichen, um alle sensorischen Stimuli zu verarbeiten, Antizipationsprozesse in Gang zu bringen, Probleme zu erkennen und zu verarbeiten und Lösungen im Bereich der technischen Möglichen zu finden. Dass in diesem Prozess Fehler passieren, wird toleriert und die Reduzierung dieser Fehlerquote wird jahrelang trainiert. Doch ob sich die Spieler schon an der Grenze zu ihrem kognitiven Potential befinden oder diese Grenze aufgrund ihrer fehlenden Selbstbeurteilung hinsichtlich Spielerintelligenz signalisieren, wird selten seitens der Trainerstäbe erkannt. Zwingende Umstände in der Positionsbesetzung limitieren die Möglichkeiten der Spieler bereits von Beginn an. Verschiedene Faktoren spielen hier eine wichtige Rolle, die den geistigen Fähigkeiten häufig übergeordnet werden. Hier ist ein Umdenken erforderlich. Mittels eines IQ-Tests lassen sich beispielsweise Eigenschaften über die Spieler herausfinden, die im Training dazu führen können, den Spieler besser zu verstehen und entsprechend seiner Möglichkeiten zu fördern. Die Ballsportart Volleyball verfügt über überdurchschnittlich viele hochbegabte Spieler, die jedoch mit Bedacht den Anforderungsprofilen gerecht werden sollten. Daher macht es Sinn, diesen Vorteil zu nutzen und gerade trainingsintensive Positionen wie Zuspiel oder Mittelblock auf gesunde Füße zu stellen. Eine erhöhte Lernfähigkeit und Lerngeschwindigkeit erzielen langfristig bessere Ergebnisse, auch wenn kurzfristig die Trainingsinvestition höher sein wird.. Dies lässt sich anhand der Studie nachweisen, die belegt, dass Spieler in höheren Ligen höhere Spielerintelligenzen besitzen. Gerade auf der personell überdurchschnittlich besetzten Außenangreiferposition besteht auch im Bundesligabereich Nachholbedarf bezüglich des kognitiven Anforderungsprofils.

Und am Ende behält Garri Kasparow Recht:

„Intelligenz lässt sich nicht am Weg, sondern nur am Ergebnis feststellen"

9. Literaturverzeichnis

Binet-Simon Test 1905
in Intelligenz: *Konzepte und Befunde* (Verfasser unbekannt)
http://www.diss.fu-
berlin.de/diss/servlets/MCRFileNodeServlet/FUDISS_derivate_000000000908/03_Ka
pA3_neu2.pdf?hosts= (Stand 27.09.2014)

Goldmann-Lexikon
Goldmann Verlag, München 1998

Kray, J. & Schäfer, S.
Mittlere und späte Kindheit (6-11Jahre) in: Rost, D. Handbuch Intelligenz , Beltz,
Weinheim, 2013

Papageorgiou, A., & Spitzley, W. (2006).
Handbuch für Leistungsvolleyball – Ausbildung zum Spezialisten (Bd. 4.Auflage)
Aachen: Meyer & Meyer Verlag, 2000

Rost, D.
Handbuch Intelligenz, 1. Auflage
Beltz, Weinheim, 2013

Süddeutsche.de

IQ Tester - Der kostenlose IQ-Test online mit Sofortergebnis
www.iqtest.sueddeutsche.de (Stand: 30.08.2014)

Süddeutsche.de

Also doch: Männer sind intelligenter als Frauen
http://www.sueddeutsche.de/panorama/neue-studie-also-doch-maenner-sind-
intelligenter-als-frauen-1.859443 (29.01.2015)